Z 2284
JD 2569 (9)

revenu de chez on. Fétis

Y 5498
A. 4.

RÉPONSE

A

L'AUTEUR

DE LA LETTRE

SUR

LES DRAMES-OPERA.

Par le Chevalier de Lasalle.

A LONDRES,

Chez EMSLAY, Libraire dans le Strand.

M. DCC. LXXVI.

RÉPONSE
A L'AUTEUR
DE LA LETTRE
SUR LES DRAMES-OPERA.

QUE j'ai de graces à vous rendre, Monsieur, des leçons que vous voulés bien me donner, sur les Drames-Opéra, dont je n'avois qu'une idée très-imparfaite, auparavant de vous avoir lû. *La gravité de mes occupations* ne m'empêche pas, sans doute, d'aimer cette partie des Arts, & d'avoir le plus grand desir de m'y livrer ; mais si la masse des difficultés que vous m'offrés déconcerte un peu mon projet, elle ne m'en laisse pas moins l'ambition de vous étudier & de vous croire.

Je vous regarde, dès ce moment-ci, comme mon infaillible inftituteur. Vous joignés à l'évidence de vos préceptes, une modeftie fi aimable, & fi défintéreffée; vous difcutés avec tant de bonne foi & d'honnêteté, qu'il eft aifé de fentir que vos raifons font celles d'un homme de génie, qui n'a d'autre projet que celui de débarbarifer, s'il eft poffible, & fa patrie, & fon fiecle.

Les Italiens, comme vous dites très-bien, *qui ont des oreilles fenfibles, n'admettent que trois genres de Poemes lyriques*; Le Tragique; le Paftoral, & le Bouffon. Voilà, mon cher Maître, une vérité bien obfervée, & à laquelle nous n'avions point encore penfé dans l'anarchie littéraire qui confond tous les genres, parmi les Auteurs François. Le genre Tragique, dites-vous, eft le feul où le Poëte & le Muficien *peuvent, fans contrainte, développer toute la magie de leur Art*, pas toujours fans contrainte; mais plus on a trouvé de difficulté, par exemple, à créer Iphi-génie en Aulide, pour l'Opéra, plus il y a de gloire, dans le fuccès complet de cette Tragédie Lyrique.

Il n'eſt que trop vrai, que nos Poëtes modernes, juſqu'à l'Auteur des paroles de l'Opéra, que je viens de citer, excluſivement, n'ont fait que ſe prêter leur défauts, de proche en proche. Ils ſe ſont tous ſtupidement autoriſés des bévûes du triſte Quinault, pour multiplier leurs ſottiſes. Comme vous, mon cher Maître, je fuis étonné, *qu'ayant ſous les yeux les Auteurs Grecs, & particulierement Euripide, on n'ait pas pris ce Poëte pour modèle.* Vous trouverés, peut-être, cette réflexion haſardée; mais je voudrois que notre célèbre Chevalier K. enchâſſat dans ſa Muſique enchantereſſe, les extraits du Pere Brumoy, mis en vers, & embellis par votre dextre archi-poétique, alors, nous verrions la Tragédie d'Alceſte dans toute la plénitude de

Du Poëme-opéra tragédie.

A ij

fa perfection: & l'Iphigénie en Tauride, que je croyois de Duché, & non de la Foſſe, comme vous le dites, reparoîtroit ſous les traits de ſa ſimplicité primitive.

Cela me rappelle ce que diſoit un très-ſavant, mais très-ſavant Académicien, qui vouloit mettre l'Hiſtoire Romaine en vers grecs, pour la commodité de ceux qui n'entendent pas le latin ; mais les projets les plus utiles & les plus raiſonnables reſtent preſque toujours ſans exécution.

Du choix du ſujet. Il eſt conſtant que le choix du ſujet ne laiſſe pas de contribuer à la réuſſite d'un Opéra. C'eſt encore une choſe à laquelle perſonne n'avoit fait attention. Je crois, avec vous, mon cher Maître, que des ſujets déjà connus, & même couronnés, ſont bien plus au goût du public, & ſur-tout plus à la bienſéance des Auteurs, que des ſujets d'invention.

De l'expoſition. Il faut donc que l'expoſition ſoit en action dès le premier vers, pour éviter les langueurs du premier Acte d'Armide; alors plus de protase, plus d'intérêt progressif. C'est un enfant qui sort, pour ainsi dire, grand garçon du sein de sa mere, & qui marche tout seul. Les passions sont sans repos, les événements sans bornes, & la piéce, sans commencement, n'en finit pas moins au gré des vrais connoisseurs.

Je crois effectivement avoir entendu dire que l'unité d'action, étoit quelquefois nécessaire dans un Poëme Dramatique, & qu'à l'Opéra même, on ne doit s'écarter, que très-sobrement de cette regle. Vous voyés, mon cher Maître, que j'ai déjà un commencement de principe, & que je pourrai faire quelque chose, muni de cette connoissance, & aidé de vos sublimes documents. *De l'action.*

Ce que vous dites des situations, est admirable, *terreur* & *pitié* : voilà ce que c'est. Nos Poëtes tragiques n'avoient point d'idées nettes sur ces *Des situations.*

deux puissants ressorts du cœur humain. Aussi tous ces Messieurs n'ont jamais su que faire bailler ~~toutes~~ les gobbe-mouches du Parterre, & sans le bruit des Scênes d'Agamemnon & d'Achille, on dormiroit encore à l'Opéra.

Du nœud & du dénoûment. Vous joignés, mon cher Maître, l'exemple au précepte : c'est le dénouement de l'immortelle Iphigénie en Aulide, Opéra nouveau, *qui doit à jamais servir de regle générale pour l'emploi du dénouement surnaturel.* Que cela est bien vrai. Le bilieux Calchas, qui passe, tout-à-coup, de la colère à la mensuétude, parce qu'il a peur. La foudre incendiaire qui tombe sur le bûcher destiné à rôtir la jeune Iphigénie, la bonne Déesse qui révoque des ordres rigoureux, un bon mariage, au lieu d'un sacrifice inhumain. Voilà ce qui s'appelle un dénouement heureusement surnaturel; & assurément bien au-dessus de celui ou cette bégueule de Minerve vien dans Théfée, couronner la valeur & l'amour.

Les caracteres fententieux, & vertueux fans remords, doivent être exclus des Tragédies-Opéra. J'en chafferois auffi les Confidents, toujours complices de l'ennui, que caufent les Scênes d'expofitions, & ce qu'on appelle les préparations d'incidents, comme nous l'avons déjà dit. Il faut que l'Opéra foit un tableau fans ombres; qu'il produife des effets fans moyens; & qu'il forme un tout fans parties. Ces chofes ne font pas faites pour être entendues de tout le monde; mais je dirai d'après Horace : *Des caracteres.*

Me raris auribus juvat placere.

Sans la Scêne, il n'y a point d'intérêt dans un Opéra. Parmi les moyens que vous propofés, je n'en admets qu'un feul infaillible; pour concevoir le mérite de la Scêne, c'eft l'exemple que vous cités de celles de la nouvelle Iphigénie; car il faut toujours *De la Scêne.*

A iv

en revenir-là. On ne reprochera pas à l'Auteur d'y avoir mis le clinquant de l'esprit. Il en est bien éloigné. C'est du génie tout pur, & Quinault, ce vieux Patriarche de notre Opéra, n'a jamais été capable d'imaginer une Scêne comme celle des adieux d'Iphigénie à Achille : écoutés, & comparés...

Du style.
 Conservés dans votre âme
 Le souvenir de votre ardeur,
 Et qu'une si parfaite flâme,
 Regne à jamais dans votre cœur.
 N'oubliés pas qu'Iphigénie, &....

Tout cela veut dire, si je ne me trompe, faites-moi l'honneur de vous souvenir de moi : mais que cette Poésie est nombreuse, moëleuse, & vraiment Tragi-Dramatique : écoutés Quinault, & raprochés-le de notre illustre moderne, vous en verrés la différence. C'est Armide qui parle au jeune Renaud.

Non jamais de l'Amour tu n'as connu le
 charme,
Tu te plaîs à causer de funestes malheurs.

Tu m'entens soupirer, tu vois couler mes
 pleurs,
Sans me rendre un soupir, sans verser une
 larme.
Par les nœuds les plus doux, je te conjure
 en vain :
Tu suis un fier devoir ; tu veux qu'il nous
 sépare.
 Non, non, ton cœur n'a rien d'humain ;
 Le cœur d'un tigre est moins barbare.
Je mourrai, si tu pars, & tu n'en peux douter.
 Ingrat, sans toi je ne puis vivre ;
Mais après mon trépas, ne crois pas éviter
 Mon ombre obstinée à te suivre.
Tu la verras s'armer contre ton cœur sans foi.
 Tu la trouveras inflexible,
 Comme tu l'as été pour moi,
 Et sa fureur, s'il est possible,
Egalera l'amour dont j'ai brûlé pour toi.

Cela veut dire, aussi, M. Renaud, restés auprès de moi, mais comme ces vers sont lâches, traînants & diffus, en comparaison encore, de ce sublime quatrain que dit Achille dans cette Scène passionnée, où il veut mettre sa bonne amie à couvert du couteau de chasse de Calchas.

Sans vous Achille pourroit vivre ?
Non j'en attefte les Dieux.
Je dois vous arracher malgré-vous à ces lieux,
Venés, Princeffe, il faut me fuivre.

D'après ces exemples, je crois comme vous, mon cher maître, *que c'eft à tort qu'on nous propofe le ftyle de Quinault pour modele. Il n'eft propre qu'à énerver l'expreffion muficale. Il en faut un plus nerveux ; plus concis, plus rapide, & fur-tout, plus varié. Enfin, un ftile comme celui de l'Auteur du nouvel Opéra d'Iphigénie, pour exprimer des fentiments profonds, & des paffions fortes.* Il y a tel vers, dont la dureté choque l'oreille, & qui produit pourtant de grands effets dans le chant, exemple...

Calchas, d'un trait mortel percé,
. . . .
L'autel préparé pour le crime,
Par ma main fera renverfé ;
Et fi, dans ce défordre extrême,

Votre pére offert à mes coups,
Frappé, tombe, & périt lui-même.
De sa mort n'accusés que vous....

Effectivement la rudesse de ces vers, est bien l'image du délire d'un amant furieux, qui tueroit, jusqu'à son beau-pere, pour prouver l'amour qu'il a pour sa fille.

Quinault ne savoit, en aucune maniere, le *mêtre* comme vous, mon cher Patron, il n'avoit qu'une routine, le bonhomme; & il ne savoit pas, comme on dit, se retourner, & distinguer le vers du relatif, d'avec le vers du chant. Ce prodige étoit réservé à un illustre moderne, qui nous a rendu difficiles, en portant le flambeau de la vérité sur les défauts de nos chétifs versificateurs. *Du mêtre.*

Nous ne savions point ce que c'étoit que la coupe d'un Opéra, avant vos doctes institutions. Votre poétique pouvoit seule nous apprendre le grand art de plaire ; mais si le Candidat *De la coupe.*

n'a pas le sentiment musical, & cette intelligence divine pour varier la coupe des Scénes, il tenteroit en vain de faire un bon Opéra.

De l'emploi de la musique à plusieurs voix.

On peut citer encore, l'excellence du Duo dialogué, qui se trouve dans l'Opéra, dont nous ne cessons de parler ; & le Quatuor charmant, entre Agamemnon, Clitemnestre, Achille & Iphigénie, où chacun peint dans le ton qui lui est propre, son sentiment & sa joie ; car pour les

Des Chœurs.

Chœurs, qui n'offrent qu'une froide imitation des Chœurs des Grecs ; je n'en voudrois point, à moins qu'ils ne fussent aussi parfaitement mis en action, qu'ils le sont dans le susdit Opéra d'Iphigénie.

Que veullent dire ces Chanteurs plantés sur chaque côtés du Théâtre, *comme des tuyaux d'orgue.* Que signifie dans Castor & Pollux, ce Chœur bruyant & terrible ?

Au feu du tonnerre, &c...

Et dans Tirtée, celui des Spartiates, qui crient à leur chef...

Marchons, commandés-nous, &c.

Dans Dardanus, cette peuplade mutinés, qui demande aveuglément le sang d'un Héros...

Dans Pyrame & Thisbé,

Détruisons, renversons ces murs... &c.

Eſt-ce qu'il y a de l'action dans ces choses-là ? Non, mon cher maître, ce sont *des tuyaux d'orgue*.

L'unité de temps, eſt donc auſſi néceſſaire que l'unité d'action, & l'unité de lieu ? *Du changement de lieu & de la durée de l'action.*

Pierre Corneille en avoit dit quelque chose, mais j'attendois votre autorité pour l'en croire.

A l'égard du merveilleux *moyen foible & puérile*, ſi platement *imaginé par Quinault*, je ne crains plus qu'il montre déformais le bout de ſon nés ſur la Scène. La magie, je ne dis pas de nos modernes ; mais du ſeul Poëte *Du merveilleux.*

Tragi-Lyrique, que nous ayons aujourd'hui, eſt de n'en point employer pour enchanter juſqu'à ſes Lecteurs.

Mais auſſi, vous pouſſés le ſcrupule un peu trop loin, mon cher inſtituteur. Comment, vous croiriés manquer aux pieuſes bienſéances des Grecs, en mettant leurs Dieux ſur la Scêne ? Vous me dites, *qu'ils ont ſenti, que des êtres, ſuppoſés d'une eſſence ſupérieure, euſſent ceſſé d'être reſpectables & intéreſſants, ſi on les avoit abaiſſés à l'agitation humiliante des paſſions des hommes.* Arrangés-vous donc avec l'Hiſtoire de ces peuples, qui dit, expreſſément, qu'Ariſtophane ridiculiſoit les Dieux, au point de repréſenter, ſur le Théâtre d'Athênes, Mercure tournant la broche pour gagner ſa vie.

Cybelle, rivale de Sangaride, dans Atis, fait-elle une fonction plus aviliſante ? C'eſt une queſtion que je fais. Il eſt permis à un écolier d'intérroger ſon Régent.

Du Spectacle.

Le Spectacle doit être analogue au sujet. C'est encore une maxime digne de notre attention, & qui doit faire naître des réflexions bien humiliantes dans la tête de nos Décorateurs ; mais ce qui mérite des réflexions plus sérieuses encore ; ce sont les fêtes & les danses.

Des Fêtes & des Danses.

Les Phrygiens ont tort, sans doute, dans Atis, d'honorer Cybelle, par des danses, encore bien que ce fut un acte de religion, dans le culte des Payens. Il falloit peut-être que le peuple parut à genoux ou en Procession, le Rosaire à la main, chantant des Hymnes à la Déesse ? Cette fête auroit été d'un bien meilleur costume : voila l'avantage qu'il y a de connoître la différence des genres. De jeunes Greques, reçoivent en dansant, la tendre Iphigénie à l'Opéra; mais c'est un hommage profane, en comparaison de celui qu'on doit aux Dieux. Il n'y a pas là l'ombre d'un péché véniel ; & ce *divertissement* est si élégament humain, que la Princesse qui en est l'objet, excédée, de tout ce qu'on lui chante, & désirant quelque chose de plus, demande avec des graces pudiques, qu'on lui donne son amant, au lieu de ces filles qui l'ennuyent.

> Achille à mes yeux inquiets,
> Ne paroît point encore.

De la pantomime. Il est bien aisé de voir que Quinault avoit plus d'envie de faire sa Cour à Louis XIV, que de talents pour faire un bon ouvrage. Ses divertissements sont, comme vous l'observés très-bien, presque tous à contresens.

Y a-t-il rien de si soporatif que ces Démons, habillés en Bergers, qui viennent enchanter Renaud dans son Opera d'Armide ? De nos jours, ces furies que vomit le Tartare, & qui, la torche à la main, s'opposent au passage de Pollux, qui veut aller faire

faire une visite à M. son frere dans les Enfers, ne sont-ils pas du dernier ridicule ? Et quand enfin, ce bon parent arrive, à l'improviste, dans les Champs Elisées, au milieu des Ombres heureuses, ne fait-il perdre de vue Thelaïre, délaissée sur la terre ? Intérêt croisé par des fêtes étérogênes, unité de lieu, de temps, & d'action absolument négligée, abus des moyens les plus déplacés, & les plus frivoles ; voilà ce qu'on nous propose pour des modeles d'Opéra ? En vérité cela souleve la raison.

A propos de cet Opéra, à Furies & à Champs-Elisées, j'entendois, l'autre jour, un jeune homme, très-honnête, & très-bien appris, qui aprécioit notre Castor à sa juste valeur, un faiseur de calembourgs, me dit à l'oreille, il s'y connoît, il est Chapelier.

On parle de Pantomime, sans s'y connoître. Dauberval & Mlle. Alard, Gardel & Mlle Guimard, qui par leurs

B

jeux, se chargent, dans le silence de la Scêne, de faire cause commune avec l'action, & d'en charmer la durée par des moyens agréablement variés, ne font que compliquer le sujet, & dénaturer nos plaisirs.

J'ai vu un fameux Opéra Italien, dans lequel on donnoit pour entr'actes, les nôces d'Alceste, dans l'instant où il s'agissoit du sort d'un Empire, soixante Grand-Prêtres exprimoient, par une véritable Pantomime, le prélude des plaisirs conjugaux : c'est cela qui étoit beau, & véritablement analogue au sujet. Ne parlons donc plus du Ballet de Sylvie, ni de celui de Médée, ni du genre noble de Vestris, & de Mlle. Heinel. Se plaire à ces extravagances, c'est commettre le péché de leze-Pantomime.

Du costume. On ne connoît pas plus les loix du Costume en France, que celles des Danses-Pantomimes. Je savois déja que les Pergolez, les Vinssi, les Jioumelli, étoient après l'Amphion d'Iphigénie, les plus grands Muſiciens du monde; mais je ſavois encore mieux que nul Poëte ne pouvoit être comparé à celui qui a le plus contribué à ſa célébrité dans l'Europe. L'union de ces deux grands talents, en éclairant la Nation, lui promettent des productions dont elle n'avoit pas même l'idée. Vous ferés ſûrement de mon avis ſur cela, mon cher maître.

La ſtérile abondance de nos Poëmes mal tiſſus; cette Muſique froide & bruyante, qui laiſſe l'âme vuide, & qui ne peut être ſuportée que par l'habitude: enfin, ce triſte Opéra François, où l'on ne ſait pas faire la différence de la Muſique imitative, d'avec la Muſique de ſentiment, doit abſolument éprouver le ſort de la réforme depuis ſi long-temps déſirée par les vrais connoiſſeurs. Votre Livre à la main, mon cher maître, & les paroles d'Iphigénie ſous les yeux, j'eſpere mettre ſous le tombeau de l'oubli, les Quinault, les Lamotte, les

Des ſituations qui produiſent la muſique imitative.

B ij

Roi, les Bernard, &c. & notre lyrique Chevalier, en fera autant, de son côté, des Lulli, des Rameau, des Mondonville, car pour les Dauvergne, les le Berthon, les Floquet, &c. Ces bonnes-gens ne vallent pas la peine qu'on en dise du mal. Je ne parlerai point de deux Amateurs célébres, qui ont eu tort de plaire, avant d'avoir lû votre nouveau Code, sur le Drame-Opéra; mais Adele, & la Cinquantaine ne peuvent être de mon goût, puisque ces deux Ouvrages ne sont pas du vôtre.

Vous levés avec une trop honnête circonspection, le voile qui cachoit la difformité de cette Armide, si longtemps vantée par nos vieilles perruques; à quoi sert d'en dire un peu de bien, pour en dire beaucoup de mal. Allés mon divin maître, Armide est aussi ennuyeuse dans le second & dans le cinquieme Acte, que dans les autres. Rien n'est plus préjudiciables pour le progrès des Arts, que ces démi-vérités, qu'on connoît sous le nom de politesse. *Dicere verum quid vetat.*

Je conviens que j'aurois pu conserver un peu d'estime pour ce monologue....

Enfin il est en ma puissance, &c.

Si je ne m'étois laissé entraîner par la révolution; mais je ne puis rien souffrir de ce qui pourroit me rapprocher de notre ancienne goticité : car enfin,....

Qu'est-ce qu'en sa faveur, la pitié me veut dire;
 Frappons.... Ciel! qui peut m'arrêter?
Achevons,... je frémis, vengeons-nous...
  je soupire ;
Est-ce ainsi que je dois me venger aujourd'hui ?
Ma colere s'éteint quand j'approche de lui.
 Plus je le vois, plus ma vengence est vaine.
 Mon bras tremblant se refuse à ma haine !
Ah, quelle cruauté de lui ravir le jour ?
A ce jeune héros, tout cede sur la terre;
Qui croiroit qu'il fut né seulement pour la
  guerre !
 Il semble être fait pour l'Amour.

Mettés ces vers médiocres à côté de ce morceau de notre nouveau chef-d'œuvre, quand Achille, avec une si intéressante vérité de sentiment dit à Iphigénie...

Cruelle, non jamais votre insensible cœur,
Ne fut touché de mon amour extrême.
Si vous m'aimiés autant que je vous aime,
Vous ne douteriés pas de ma fidelle ardeur.
Vous pouvés affliger un cœur qui vous adore,
Par des soupçons injurieux,
Et lui faire un tourment affreux,
Du feu constant qui le dévore, &c.

Per-oraison. Voila du style, & du style du bon genre ; mais Quinault !

Ce sont donc les Grecs que j'étudierai, après la nouvelle Iphigénie qui sera toujours mon modèle ; mais pourquoi ne pas faire chanter en Grec, sur le Théâtre de l'Opéra ! du moins en Italien, comme par-tout ailleurs. Je proposerois bien le Bas-Breton pour l'honneur de mon Pays ; mais les oreilles de la Capitale, ne sont pas faites pour en sentir l'énergie.

Il ne convient pas plus à un François de chanter fa Langue naturelle, qu'il ne convient à la Nation d'avoir un Poëme épique, monument téméraire de l'immortalité du plus cher de fes Rois. Nos judicieux Ariftarques y ont heureufement pourvû : ces juftes apréciateurs de leurs contemporains, ont renduit *papa-grand-homme* à la mefure de fa médiocrité. Voilà comme il faut fagement détruire tous les fruits du génie patriotique.

J'attends mon eftimable précepteur, la fuite de votre ouvrage fur les différens genres du Drame-Opéra, & je recevrai avec la même docilité, & la même reconnoiffance, la fuite de ces leçons, que je regarde comme le catéchifme du vrai talent lyrique, & pour ainfi-dire comme le rudiment de tous les moyens de plaire. Si mes difpofitions ne répondent à vos bontés, parlés-moi franchement là-deffus, je quitterai l'orgueilleux projet de marcher fur vos traces, & je reprendrai, sans balancer, mes œuvres importantes, parce qu'il n'est pas permis à tout le monde de ne s'occupper que de chansons. Je n'en conserverai pas moins pour vous, mon très-cher, & très-estimable précepteur, les sentimens de la plus parfaite vénération.

J'ai l'honneur d'être,

Votre, &c.

Le Chevalier de L.

www.ingramcontent.com/pod-product-compliance
Lightning Source LLC
Chambersburg PA
CBHW060619050426
42451CB00012B/2332